Impressum
Verlag: BABADADA GmbH, Nedderfeld 112 , 22529 Hamburg
Geschäftsführer / Verlagsleitung: Harald Hof
Druck: Books on Demand GmbH, In de Tarpen 42, 22848 Norderstedt

Imprint
Publisher: BABADADA GmbH, Nedderfeld 112 , 22529 Hamburg, Germany
Managing Director / Publishing direction: Harald Hof
Print: Books on Demand GmbH, In de Tarpen 42, 22848 Norderstedt, Germany

классная комната
Klassenzimmer

делить
dividieren

186/2

доска
Tafel

школьный двор
Schulhof

учитель
Lehrer

бумага
Papier

писать
schreiben

ручка
Stift

письменный стол
Schreibtisch

линейка
Lineal

книга
Buch

ученик
Schüler

ранец

Ranzen

пенал

Federmappe

карандаш

Bleistift

точилка

Bleistiftanspitzer

ластик

Radiergummi

альбом для рисования

Zeichenblock

рисунок

Zeichnung

кисточка

Pinsel

коробка красок

Malkasten

ножницы

Schere

клей

Klebstoff

тетрадь

Übungsheft

домашняя работа

Hausaufgabe

12

цифра

Zahl

2+2

прибавлять

addieren

5-2

вычитать

subtrahieren

2×2

умножать

multiplizieren

считать

rechnen

A

буква

Buchstabe

ABCDEFG
HIJKLMN
OPQRSTU
VWXYZ

алфавит

Alphabet

hello

слово

Wort

текст

Text

читать

lesen

мел

Kreide

урок

Stunde

классный журнал

Klassenbuch

экзамен

Prüfung

диплом

Zeugnis

школьная форма

Schuluniform

образование

Ausbildung

энциклопедия

Lexikon

университет

Universität

микроскоп

Mikroskop

карта

Karte

корзина для бумаг

Papierkorb

гостиница
Hotel

Grand

турбаза
Herberge

ROOMS

пункт обмена валюты
Wechselstube

EXCHANGE

чемодан
Koffer

автомобиль
Auto

язык

Sprache

да / нет

ja / nein

хорошо

Okay

Привет

Hallo

переводчик

Übersetzer

Спасибо

Danke

Сколько стоит…?

Was kostet…?

Я не понимаю

Ich verstehe nicht

проблема

Problem

Добрый вечер!

Guten Abend!

Доброе утро!

Guten Morgen!

Доброй ночи!

Gute Nacht!

До свидания

Auf Wiedersehen

направление

Richtung

багаж

Gepäck

сумка

Tasche

рюкзак

Rucksack

гость

Gast

комната

Zimmer

спальный мешок

Schlafsack

палатка

Zelt

туристическая
информация
Touristeninformation

пляж

Strand

кредитная карточка

Kreditkarte

завтрак

Frühstück

обед

Mittagessen

ужин

Abendessen

билет

Fahrkarte

лифт

Fahrstuhl

почтовая марка

Briefmarke

граница

Grenze

таможня

Zoll

посольство

Botschaft

виза

Visum

паспорт

Pass

корабль
Schiff

самолёт
Flugzeug

пожарный автомобиль
Feuerwehrauto

грузовик
Lastwagen

автобус
Bus

моторная лодка
Motorboot

велосипед
Fahrrad

автомобиль
Auto

п、пром

Fähre

лодка

Boot

мотоцикл

Motorrad

полицейский автомобиль

Polizeiauto

гоночный автомобиль

Rennauto

арендованный
автомобиль
Mietwagen

совместное пользование
автомобилями

Carsharing

буксировочный
автомобиль
Abschleppwagen

мусоровоз

Müllauto

двигатель

Motor

топливо

Kraftstoff

заправка

Tankstelle

дорожный знак

Verkehrsschild

движение

Verkehr

пробка

Stau

автостоянка

Parkplatz

вокзал

Bahnhof

рельсы

Schienen

поезд

Zug

трамвай

Straßenbahn

вагон

Wagon

вертолёт

Helikopter

аэропорт

Flughafen

вышка

Tower

пассажир

Passagier

контейнер

Container

коробка

Karton

тележка

Karren

корзина

Korb

взлетать / приземляться

starten / landen

город

Stadt

деревня

Dorf

центр города

Stadtzentrum

дом

Haus

кинотеатр
Kino

реклама
Werbung

уличный фонарь
Straßenlaterne

CINEMA

улица
Straße

такси
Taxi

киоск
Kiosk

пешеход
Fußgänger

тротуар
Bürgersteig

пешеходный переход
Zebrastreifen

мусорное ведро
Mülltonne

перекрёсток
Kreuzung

светофор
Ampel

хижина

Hütte

квартира

Wohnung

вокзал

Bahnhof

ратуша

Rathaus

музей

Museum

школа

Schule

университет

Universität

банк

Bank

больница

Krankenhaus

гостиница

Hotel

аптека

Apotheke

офис

Büro

книжный магазин

Buchhandlung

магазин

Geschäft

цветочный магазин

Blumenladen

супермаркет

Supermarkt

рынок

Markt

универмаг

Kaufhaus

торговец рыбой

Fischhändler

торговый центр

Einkaufszentrum

порт

Hafen

парк

Park

скамейка

Bank

мост

Brücke

лестница

Treppe

метро

U-Bahn

тоннель

Tunnel

автобусная остановка

Bushaltestelle

бар

Bar

ресторан

Restaurant

почтовый ящик

Briefkasten

табличка с названием
улицы

Straßenschild

паркометр

Parkuhr

зоопарк

Zoo

бассейн

Badeanstalt

мечеть

Moschee

ферма

Bauernhof

загрязнение окружающей среды

Umweltverschmutzung

кладбище

Friedhof

церковь

Kirche

детская площадка

Spielplatz

храм

Tempel

ландшафт
Landschaft

лист
Blatt

дорожный указатель
Wegweiser

дорога
Weg

луг
Wiese

камень
Stein

дерево
Baum

путешественник
Wanderer

река
Fluss

трава
Gras

цветок
Blume

долина

Tal

гора

Berg

озеро

See

лес

Wald

пустыня

Wüste

вулкан

Vulkan

замок

Schloss

радуга

Regenbogen

гриб

Pilz

пальма

Palme

комар

Moskito

муха

Fliege

муравей

Ameise

пчела

Biene

паук

Spinne

жук

Käfer

лягушка

Frosch

белка

Eichhörnchen

еж

Igel

заяц

Hase

сова

Eule

птица

Vogel

лебедь

Schwan

кабан

Wildschwein

олень

Hirsch

лось

Elch

плотина

Staudamm

ветряной генератор

Windrad

солнечная батарея

Solarmodul

климат

Klima

официант
Kellner

меню
Speisekarte

стул
Stuhl

суп
Suppe

пицца
Pizza

скатерть
Tischdecke

столовые приборы
Besteck

закуска
....
Vorspeise

главное блюдо
....
Hauptgericht

десерт
....
Nachspeise

напитки
....
Getränke

еда
....
Essen

бутылка
....
Flasche

фастфуд

Fastfood

уличная еда

Streetfood

чайник

Teekanne

сахарница

Zuckerdose

порция

Portion

кофеварка

Espressomaschine

детский стульчик

Hochstuhl

счет

Rechnung

поднос

Tablett

нож

Messer

вилка

Gabel

ложка

Löffel

чайная ложка

Teelöffel

салфетка

Serviette

стакан

Glas

тарелка

Teller

суповая тарелка

Suppenteller

блюдце

Untertasse

соус

Sauce

солонка

Salzstreuer

мельница для перца

Pfeffermühle

уксус

Essig

масло

Öl

специи

Gewürze

кетчуп

Ketchup

горчица

Senf

майонез

Mayonnaise

специальное предложение
Angebot

покупатель
Kunde

молочные продукты
Milchprodukte

фрукты
Obst

тележка для покупок
Einkaufswagen

мясной магазин

Schlachterei

пекарня

Bäckerei

взвешивать

wiegen

овощи

Gemüse

мясо

Fleisch

быстрозамороженные
продукты

Tiefkühlkost

нарезка

Aufschnitt

консервы

Konserven

стиральный порошок

Waschmittel

сладости

Süßigkeiten

предмет домашнего обихода

Haushaltsartikel

моющее средство

Reinigungsmittel

продавщица

Verkäuferin

касса

Kasse

кассир

Kassierer

список покупок

Einkaufsliste

время работы

Öffnungszeiten

бумажник

Brieftasche

кредитная карточка

Kreditkarte

сумка

Tasche

полиэтиленовый пакет

Plastiktüte

вода

Wasser

сок

Saft

молоко

Milch

кока-кола

Cola

вино

Wein

пиво

Bier

алкоголь

Alkohol

какао

Kakao

чай

Tee

кофе

Kaffee

эспрессо

Espresso

капучино

Cappuccino

банан

Banane

яблоко

Apfel

апельсин

Orange

арбуз

Melone

лимон

Zitrone

морковь

Karotte

чеснок

Knoblauch

бамбук

Bambus

лук

Zwiebel

гриб

Pilz

орехи

Nüsse

лапша

Nudeln

спагетти

Spaghetti

рис

Reis

салат

Salat

картофель фри

Pommes frites

жареный картофель

Bratkartoffeln

пицца

Pizza

гамбургер

Hamburger

сэндвич

Sandwich

шницель

Schnitzel

ветчина

Schinken

салями

Salami

колбаса

Wurst

курица

Huhn

жаркое

Braten

рыба

Fisch

овсяные хлопья

Haferflocken

мюсли

Müsli

кукурузные хлопья

Cornflakes

мука

Mehl

круассан

Croissant

булочка

Brötchen

хлеб

Brot

тост

Toast

печенье

Kekse

масло

Butter

творог

Quark

пирог

Kuchen

яйцо

Ei

яичница

Spiegelei

сыр

Käse

мороженое

Eiscreme

сахар

Zucker

мёд

Honig

мармелад

Marmelade

крем с нугой

Nougat-Creme

карри

Curry

крестьянский дом
Bauernhaus

сарай
Scheune

тюк из соломы
Strohballen

поле
Feld

лошадь
Pferd

прицеп
Anhänger

жеребёнок
Fohlen

трактор
Traktor

осёл
Esel

овца
Schaf

ягнёнок
Lamm

коза
Ziege

корова
Kuh

телёнок
Kalb

свинья
Schwein

поросёнок
Ferkel

бык
Bulle

гусь

Gans

утка

Ente

цыплёнок

Küken

курица

Huhn

петух

Hahn

крыса

Ratte

кошка

Katze

мышь

Maus

вол

Ochse

собака

Hund

конура

Hundehütte

садовый шланг

Gartenschlauch

лейка

Gießkanne

коса

Sense

плуг

Pflug

серп

Sichel

мотыга

Hacke

навозные вилы

Mistgabel

топор

Axt

тачка

Schubkarre

корыто

Trog

бидон для молока

Milchkanne

мешок

Sack

забор

Zaun

хлев

Stall

теплица

Treibhaus

почва

Boden

посев

Saat

удобрение

Dünger

комбайн

Mähdrescher

собирать урожай

ernten

урожай

Ernte

ямс

Yamswurzel

пшеница

Weizen

соя

Soja

картофель

Kartoffel

кукуруза

Mais

рапс

Raps

фруктовое дерево

Obstbaum

маниок

Maniok

злаки

Getreide

дымоход
Schornstein

крыша
Dach

водосточный желоб
Regenrinne

окно
Fenster

гараж
Garage

звонок
Klingel

дверь
Tür

мусорное ведро
Mülleimer

почтовый ящик
Briefkasten

сад
Garten

гостиная

Wohnzimmer

ванная комната

Badezimmer

кухня

Küche

спальня

Schlafzimmer

детская комната

Kinderzimmer

столовая

Esszimmer

пол

Boden

стена

Wand

потолок

Decke

подвал

Keller

сауна

Sauna

балкон

Balkon

терраса

Terrasse

бассейн

Schwimmbad

газонокосилка

Rasenmäher

пододеяльник

Bettbezug

покрывало

Bettdecke

кровать

Bett

метла

Besen

ведро

Eimer

выключатель

Schalter

обои
Tapete

рисунок
Bild

лампа
Lampe

полка
Regal

шкаф
Schrank

телевизор
Fernseher

камин
Kamin

цветок
Blume

подушка
Kissen

ваза
Vase

диван
Sofa

пульт дистанционного управления
Fernbedienung

ковёр

Teppich

штора

Vorhang

стол

Tisch

стул

Stuhl

кресло-качалка

Schaukelstuhl

кресло

Sessel

книга

Buch

покрывало

Decke

украшение

Dekoration

дрова

Feuerholz

фильм

Film

стереосистема

Stereoanlage

ключ

Schlüssel

газета

Zeitung

картина

Gemälde

плакат

Poster

радио

Radio

блокнот

Notizblock

пылесос

Staubsauger

кактус

Kaktus

свеча

Kerze

холодильник
Kühlschrank

микроволновая печь
Mikrowelle

кухонные весы
Küchenwaage

тостер
Toaster

моющее средство
Reinigungsmittel

духовка
Backofen

морозилка
Gefrierfach

мусорное ведро
Mülleimer

посудомоечная машина
Geschirrspüler

плита

Herd

кастрюля

Topf

чугунный котелок

Eisentopf

вок / кадай

Wok / Kadai

сковорода

Pfanne

чайник

Wasserkocher

пароварка

Dampfgarer

противень

Backblech

посуда

Geschirr

кружка

Becher

миска

Schale

палочки для еды

Essstäbchen

половник

Suppenkelle

лопатка

Pfannenwender

сбивалка

Schneebesen

сито

Kochsieb

сито

Sieb

тёрка

Reibe

ступка

Mörser

гриль

Grill

костёр

Feuerstelle

доска

Schneidebrett

скалка

Nudelholz

штопор

Korkenzieher

жестяная банка

Dose

консервный нож

Dosenöffner

прихватка

Topflappen

раковина

Waschbecken

щетка

Bürste

губка

Schwamm

миксер

Mixer

морозильная камера

Gefriertruhe

бутылочка для кормления

Babyflasche

кран

Wasserhahn

душ
Dusche

отопление
Heizung

полотенце
Handtuch

душевая занавеска
Duschvorhang

пенистая ванна
Schaumbad

ванна
Badewanne

стакан
Glas

стиральная машина
Waschmaschine

кран
Wasserhahn

плитка
Fliesen

горшок
Töpfchen

раковина
Waschbecken

туалет
Toilette

напольный унитаз
Hocktoilette

биде
Bidet

писсуар
Pissoir

туалетная бумага
Toilettenpapier

ершик
Toilettenbürste

зубная щетка

Zahnbürste

зубная паста

Zahnpasta

зубная нить

Zahnseide

мыть

waschen

ручной душ

Handbrause

интимный душ

Intimdusche

таз

Waschschüssel

щетка для спины

Rückenbürste

мыло

Seife

гель для душа

Duschgel

шампунь

Shampoo

мочалка

Waschlappen

сток

Abfluss

крем

Creme

дезодорант

Deodorant

зеркало

Spiegel

ручное зеркало

Kosmetikspiegel

бритва

Rasierer

пена для бритья

Rasierschaum

лосьон после бритья

Rasierwasser

расческа

Kamm

щетка

Bürste

фен

Föhn

лак для волос

Haarspray

косметика

Makeup

губная помада

Lippenstift

лак для ногтей

Nagellack

вата

Watte

маникюрные ножницы

Nagelschere

духи

Parfum

косметичка

Kulturbeutel

табуретка

Hocker

весы

Waage

халат

Bademantel

резиновые перчатки

Gummihandschuhe

тампон

Tampon

гигиеническая прокладка

Damenbinde

биотуалет

Chemietoilette

будильник
Wecker

мягкая игрушка
Kuscheltier

игрушечный автомобиль
Spielzeugauto

погремушка
Rassel

кукольный домик
Puppenhaus

подарок
Geschenk

воздушный шар

Ballon

кровать

Bett

детская коляска

Kinderwagen

карточная игра

Kartenspiel

пазл

Puzzle

комикс

Comic

кирпичики Лего

Legosteine

кубики

Bausteine

игрушечная фигурка

Action Figur

ползунки

Strampelanzug

фрисби

Frisbee

мобиле

Mobile

настольная игра

Brettspiel

кубик

Würfel

модель железной дороги

Modelleisenbahn

соска

Schnuller

вечеринка

Party

книга с картинками

Bilderbuch

мяч

Ball

кукла

Puppe

играть

spielen

песочница

Sandkasten

качели

Schaukel

игрушка

Spielzeug

игровая приставка

Spielkonsole

трёхколесный велосипед

Dreirad

плюшевый медвежонок

Teddy

шкаф для одежды

Kleiderschrank

одежда
Kleidung

носки

Socken

чулки

Strümpfe

колготки

Strumpfhose

шарф
Schal

зонтик
Regenschirm

футболка
T-Shirt

ремень
Gürtel

сапоги
Stiefel

тапки
Hausschuhe

кроссовки
Turnschuhe

сандалии
Sandalen

ботинки
Schuhe

резиновые сапоги
Gummistiefel

трусы
Unterhose

бюстгальтер
Büstenhalter

майка
Unterhemd

боди

Body

брюки

Hose

джинсы

Jeans

юбка

Rock

блузка

Bluse

рубашка

Hemd

свитер

Pullover

свитер

Kapuzenpullover

спортивная куртка

Blazer

жакет

Jacke

пальто

Mantel

плащ

Regenmantel

костюм

Kostüm

платье

Kleid

свадебное платье

Hochzeitskleid

мужской костюм

Anzug

ночная сорочка

Nachthemd

пижама

Schlafanzug

сари

Sari

платок

Kopftuch

тюрбан

Turban

паранджа

Burka

кафтан

Kaftan

абайя

Abaya

купальник

Badeanzug

плавки

Badehose

шорты

Kurze Hose

спортивный костюм

Trainingsanzug

фартук

Schürze

перчатки

Handschuhe

пуговица

Knopf

очки

Brille

браслет

Armband

цепочка

Halskette

кольцо

Ring

серьга

Ohrring

шапка

Mütze

вешалка

Kleiderbügel

шляпа

Hut

галстук

Krawatte

застежка молния

Reißverschluss

шлем

Helm

подтяжки

Hosenträger

школьная форма

Schuluniform

форма

Uniform

детский нагрудник

Lätzchen

соска

Schnuller

подгузник

Windel

сервер
Server

канцелярский шкаф
Aktenschrank

принтер
Drucker

монитор
Monitor

бумага
Papier

письменный стол
Schreibtisch

мышь
Maus

папка
Ordner

клавиатура
Tastatur

корзина для бумаг
Papierkorb

стул
Stuhl

компьютер
Computer

кофейная кружка

Kaffeebecher

калькулятор

Taschenrechner

интернет

Internet

ноутбук

Laptop

письмо

Brief

сообщение

Nachricht

мобильный телефон

Handy

сеть

Netzwerk

ксерокс

Kopierer

программа

Software

телефон

Telefon

розетка

Steckdose

факс

Fax

формуляр

Formular

документ

Dokument

покупать
kaufen

платить
bezahlen

торговать
handeln

деньги
Geld

доллар
Dollar

евро
Euro

иена
Yen

рубль
Rubel

франк
Franken

жэньминьби юань
Renminbi Yuan

рупия
Rupie

банкомат
Geldautomat

пункт обмена валюты

Wechselstube

золото

Gold

серебро

Silber

нефть

Öl

энергия

Energie

цена

Preis

договор

Vertrag

налог

Steuer

акция

Aktie

работать

arbeiten

служащий

Angestellter

работодатель

Arbeitgeber

фабрика

Fabrik

магазин

Geschäft

милиционер
Polizist

пожарный
Feuerwehrmann

повар
Koch

врач
Arzt

пилот
Pilot

садовник

Gärtner

столяр

Tischler

швея

Näherin

судья

Richter

химик

Chemiker

актёр

Schauspieler

водитель автобуса

Busfahrer

таксист

Taxifahrer

рыбак

Fischer

уборщица

Putzfrau

кровельщик

Dachdecker

официант

Kellner

охотник

Jäger

художник

Maler

пекарь

Bäcker

электрик

Elektriker

строитель

Bauarbeiter

инженер

Ingenieur

мясник

Schlachter

сантехник

Klempner

почтальон

Postbote

солдат

Soldat

архитектор

Architekt

кассир

Kassierer

флорист

Florist

парикмахер

Friseur

кондуктор

Schaffner

механик

Mechaniker

капитан

Kapitän

зубной врач

Zahnarzt

ученый

Wissenschaftler

раввин

Rabbi

имам

Imam

монах

Mönch

священник

Geistlicher

молоток
Hammer

плоскогубцы
Zange

отвёртка
Schraubendreher

гаечный ключ
Schraubenschlüssel

карманный фо
Taschenlampe

экскаватор

Bagger

ящик для инструментов

Werkzeugkasten

стремянка

Leiter

пила

Säge

гвозди

Nägel

дрель

Bohrer

ремонтировать

reparieren

лопата

Schaufel

Блин!

Mist!

совок

Kehrblech

ведро с краской

Farbtopf

винты

Schrauben

музыкальные инструменты
Musikinstrumente

громкоговоритель
Lautsprecher

ударный инструмент
Schlagzeug

гитара
Gitarre

контрабас
Kontrabass

труба
Trompete

пианино

Klavier

скрипка

Violine

бас-гитара

Bass

литавры

Pauke

барабан

Trommeln

синтезатор

Keyboard

саксофон

Saxophon

флейта

Flöte

микрофон

Mikrofon

тигр
Tiger

вход
Eingang

клетка
Käfig

зебра
Zebra

корм
Tierfutter

панда
Panda

животные

Tiere

слон

Elefant

кенгуру

Känguru

носорог

Nashorn

горилла

Gorilla

медведь

Bär

верблюд

Kamel

страус

Strauß

лев

Löwe

обезьяна

Affe

фламинго

Flamingo

попугай

Papagei

белый медведь

Eisbär

пингвин

Pinguin

акула

Hai

павлин

Pfau

змея

Schlange

крокодил

Krokodil

служитель зоопарка

Zoowärter

тюлень

Robbe

ягуар

Jaguar

пони

Pony

леопард

Leopard

бегемот

Nilpferd

жираф

Giraffe

орёл

Adler

кабан

Wildschwein

рыба

Fisch

черепаха

Schildkröte

морж

Walross

лиса

Fuchs

газель

Gazelle

американский футбол
American Football

езда на велосипеде
Radfahren

теннис
Tennis

баскетбол
Basketball

плавание
Schwimmen

бокс
Boxen

хоккей
Eishockey

футбол

Fußball

бадминтон

Badminton

лёгкая атлетика

Leichtathletik

гандбол

Handball

лыжный спорт

Skilaufen

поло

Polo

прыгать
springen

смеяться
lachen

обнимать
umarmen

идти
gehen

петь
singen

мечтать
träumen

молиться
beten

целовать
küssen

писать

schreiben

рисовать

zeichnen

показывать

zeigen

нажимать

drücken

давать

geben

брать

nehmen

иметь

haben

делать

tun

быть

sein

стоять

stehen

бежать

laufen

тянуть

ziehen

бросать

werfen

падать

fallen

лежать

liegen

ждать

warten

носить

tragen

сидеть

sitzen

надевать

anziehen

спать

schlafen

просыпаться

aufwachen

рассматривать

ansehen

плакать

weinen

гладить

streicheln

причесывать

kämmen

говорить

reden

понимать

verstehen

спрашивать

fragen

слушать

hören

пить

trinken

кушать

essen

наводить порядок

aufräumen

любить

lieben

готовить

kochen

ехать

fahren

летать

fliegen

ходить под парусом

segeln

считать

rechnen

читать

lesen

учиться

lernen

работать

arbeiten

вступать в брак

heiraten

шить

nähen

чистить зубы

Zähne putzen

убивать

töten

курить

rauchen

отправлять

senden

бабушка
Großmutter

дедушка
Großvater

папа
Vater

мама
Mutter

младенец
Baby

дочь
Tochter

сын
Sohn

гость

Gast

тетя

Tante

дядя

Onkel

брат

Bruder

сестра

Schwester

лоб
Stirn

глаз
Auge

плечо
Schulter

палец
Finger

лицо
Gesicht

подбородок
Kinn

кисть
Hand

грудь
Brust

нога
Bein

рука
Arm

младенец

Baby

мужчина

Mann

женщина

Frau

девочка

Mädchen

мальчик

Junge

голова

Kopf

спина

Rücken

живот

Bauch

пупок

Nabel

палец ноги

Zeh

пятка

Ferse

кость

Knochen

бедро

Hüfte

колено

Knie

локоть

Ellenbogen

нос

Nase

ягодицы

Gesäß

кожа

Haut

щека

Wange

ухо

Ohr

губа

Lippe

рот

Mund

зуб

Zahn

язык

Zunge

мозг

Gehirn

сердце

Herz

мышца

Muskel

лёгкое

Lunge

печень

Leber

желудок

Magen

почки

Nieren

половой акт

Geschlechtsverkehr

презерватив

Kondom

яйцеклетка

Eizelle

сперма

Sperma

беременность

Schwangerschaft

менструация

Menstruation

вагина

Vagina

пенис

Penis

бровь

Augenbraue

волосы

Haar

шея

Hals

больница
Krankenhaus

машина скорой помощи
Krankenwagen

кресло-каталка
Rollstuhl

перелом
Bruch

врач

Arzt

пункт первой помощи

Notaufnahme

медсестра

Krankenschwester

неотложный случай

Notfall

без сознания

ohnmächtig

боль

Schmerz

повреждение

Verletzung

кровотечение

Blutung

инфаркт

Herzinfarkt

инсульт

Schlaganfall

аллергия

Allergie

кашель

Husten

овышенная температура

Fieber

грипп

Grippe

понос

Durchfall

головная боль

Kopfschmerzen

рак

Krebs

диабет

Diabetis

хирург

Chirurg

скальпель

Skalpell

операция

Operation

КТ

CT

рентген

Röntgen

ультразвук

Ultraschall

маска

Maske

болезнь

Krankheit

приёмная

Wartezimmer

костыль

Krücke

пластырь

Pflaster

бинт

Verband

укол

Injektion

стетоскоп

Stethoskop

носилки

Trage

термометр

Thermometer

рождение

Geburt

избыточный вес

Übergewicht

слуховой аппарат

Hörgerät

дезинфекционное средство

Desinfektionsmittel

инфекция

Infektion

вирус

Virus

ВИЧ / СПИД

HIV / AIDS

лекарство

Medizin

прививка

Impfung

таблетки

Tabletten

противозачаточная таблетка

Pille

экстренный вызов

Notruf

прибор для измерения кровяного давления

Blutdruck-Messgerät

больной / здоровый

krank / gesund

Помогите!	сигнал тревоги	нападение
Hilfe!	Alarm	Überfall

атака	опасность	запасной выход
Angriff	Gefahr	Notausgang

Пожар!	огнетушитель	несчастный случай
Feuer!	Feuerlöscher	Unfall

аптечка	SOS	милиция
Erste-Hilfe-Koffer	SOS	Polizei

Европа

Europa

Северная Америка

Nordamerika

Южная Америка

Südamerika

Африка

Afrika

Азия

Asien

Австралия

Australien

Атлантический океан

Atlantik

Тихий океан

Pazifik

Индийский океан

Indischer Ozean

Антарктический океан

Antarktischer Ozean

Северный Ледовитый океан

Arktischer Ozean

Северный полюс

Nordpol

Южный полюс

Südpol

Антарктика

Antarktis

земля

Erde

суша

Land

море

Meer

остров

Insel

нация

Nation

государство

Staat

циферблат

Zifferblatt

часовая стрелка

Stundenzeiger

минутная стрелка

Minutenzeiger

секундная стрелка

Sekundenzeiger

Который час?

Wie spät ist es?

день

Tag

время

Zeit

сейчас

jetzt

электронные часы

Digitaluhr

минута

Minute

час

Stunde

понедельник
Montag

среда
Mittwoch

пятница
Freitag

вторник
Dienstag

четверг
Donnerstag

суббота
Samstag

воскресенье
Sonntag

вчера

gestern

сегодня

heute

завтра

morgen

утро

Morgen

полдень

Mittag

вечер

Abend

рабочие дни

Arbeitstage

выходные

Wochenende

дождь
Regen

радуга
Regenbogen

снег
Schnee

ветер
Wind

весна
Frühling

осень
Herbst

лето
Sommer

зима
Winter

прогноз погоды

Wettervorhersage

термометр

Thermometer

солнечный свет

Sonnenschein

туча

Wolke

туман

Nebel

влажность воздуха

Luftfeuchtigkeit

молния

Blitz

гром

Donner

буря

Sturm

град

Hagel

муссон

Monsun

наводнение

Flut

лёд

Eis

январь

Januar

февраль

Februar

март

März

апрель

April

май

Mai

июнь

Juni

июль

Juli

август

August

сентябрь

September

октябрь

Oktober

ноябрь

November

декабрь

Dezember

формы
Formen

круг

Kreis

квадрат

Quadrat

прямоугольник

Rechteck

треугольник

Dreieck

шар

Kugel

куб

Würfel

цвета
Farben

белый

weiß

желтый

gelb

оранжевый

orange

розовый

pink

красный

rot

лиловый

lila

синий

blau

зелёный

grün

коричневый

braun

серый

grau

черный

schwarz

много / мало

viel / wenig

яростный / мирный

wütend / friedlich

красивый / уродливый

hübsch / hässlich

начало / конец

Anfang / Ende

большой / маленький

groß / klein

светлый / темный

hell / dunkel

брат / сестра

Bruder / Schwester

чистый / грязный

sauber / schmutzig

полный / неполный

vollständig / unvollständig

день / ночь

Tag / Nacht

мёртвый / живой

tot / lebendig

широкий / узкий

breit / schmal

съедобный / несъедобный

genießbar / ungenießbar

злой / дружелюбный

böse / freundlich

взволнованный /
скучающий
aufgeregt / gelangweilt

толстый / худой

dick / dünn

сначала / в конце

zuerst / zuletzt

друг / враг

Freund / Feind

полный / пустой

voll / leer

твёрдый / мягкий

hart / weich

тяжёлый / легкий

schwer / leicht

голод / жажда

Hunger / Durst

больной / здоровый

krank / gesund

незаконный / законный

illegal / legal

умный / глупый

intelligent / dumm

слева / справа

links / rechts

близко / далеко

nah / fern

новый / подержанный

neu / gebraucht

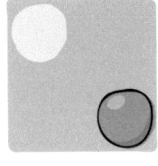

ничто / нечто

nichts / etwas

старый / молодой

alt / jung

включено / выключено

an / aus

открыто / закрыто

offen / geschlossen

тихо / громко

leise / laut

богатый / бедный

reich / arm

правильный /
неправильный
richtig / falsch

шероховатый / гладкий

rau / glatt

печальный / счастливый

traurig / glücklich

короткий / длинный

kurz / lang

медленный / быстрый

langsam / schnell

мокрый / сухой

nass / trocken

тёплый / прохладный

warm / kühl

война / мир

Krieg / Frieden

противоположности - Gegenteile

0

ноль

null

1

один

eins

2

два

zwei

3

три

drei

4

четыре

vier

5

пять

fünf

6

шесть

sechs

7

семь

sieben

8

восемь

acht

9

девять

neun

10

десять

zehn

11

одиннадцать

elf

12

двенадцать

zwölf

13

тринадцать

dreizehn

14

четырнадцать

vierzehn

15

пятнадцать

fünfzehn

16

шестнадцать

sechzehn

17

семнадцать

siebzehn

18

восемнадцать

achtzehn

19

девятнадцать

neunzehn

20

двадцать

zwanzig

100

сто

hundert

1.000

тысяча

tausend

1.000.000

миллион

million

цифры - Zahlen

английский

Englisch

американский английский

Amerikanisches Englisch

мандаринский китайский

Chinesisch Mandarin

хинди

Hindi

испанский

Spanisch

французский

Französisch

арабский

Arabisch

русский

Russisch

португальский

Portugiesisch

бенгальский

Bengalisch

немецкий

Deutsch

японский

Japanisch

я

ich

ты

du

он / она / оно

er / sie / es

мы

wir

вы

ihr

они

sie

кто?

wer?

что?

was?

как?

wie?

где?

wo?

когда?

wann?

HELLO, I AM

имя

Name

за

hinter

в

in

перед

vor

над

über

на

auf

под

unter

рядом

neben

между

zwischen

место

Ort